WICCA

GUIDE DE LA MAGIE WICCANE POUR LES DÉBUTANTS

SARAH RHODES

Copyright © 2024 by Rivercat Books LLC

All rights reserved.

No portion of this book may be reproduced in any form without written permission from the publisher or author, except as permitted by U.S. copyright law.

CONTENTS

Introduction : Pourquoi la Wicca ?	1
Chapitre 1 : Les origines	6
Chapitre 2 : Croyances	13
Chapitre 3 : Mythes et idées fausses	25
Chapitre 4 : Choisir une voie	29
Chapitre 5 : La roue de l'année	36
Chapitre 6 : Pratiquer la Wicca	49
Chapitre 7 : Fabriquer de la magie	55
Conclusion	66

INTRODUCTION : POURQUOI LA WICCA ?

Si vous lisez ce livre, il est probable que vous vous intéressiez à la Wicca. Vous envisagez probablement de vous y intéresser parce que quelqu'un que vous connaissez est wiccan et que vous voulez en savoir plus, ou parce que vous aimez tout simplement découvrir de nouvelles choses. Quoi qu'il en soit, ce livre est le bon point de départ.

La Wicca est une merveilleuse religion païenne qui, dans sa forme la plus élémentaire, consiste à célébrer le monde naturel dans lequel nous vivons. Cependant, à la suite d'une malencontreuse déformation, elle peut parfois avoir des connotations négatives. Lorsqu'une personne entend la phrase "Je suis une sorcière", il n'est pas rare que la première chose qui lui vienne à l'esprit soit un cercle de sorcières louant le diable ou un groupe d'adolescentes pratiquant des rituels diaboliques pour maudire un ex-petit ami. Il se peut que certaines sorcières fassent ce genre de choses, et chacun est libre de faire ce qu'il veut. Cependant, ces sorcières ne sont pas des wiccans.

Le mot "sorcière" peut être un peu controversé pour certains wiccans. Pour les besoins de ce livre, nous accueillons tous les mots "w". Wiccan, sorcière, adepte de la sorcellerie, personne merveilleuse. Si vous voulez en savoir plus sur la Wicca et la sorcellerie parce que vous avez grandi en regardant des séries comme *Charmed* et *Sabrina the Teenage Witch*, c'est très bien. Si vous lisez des articles sur les anciens Celtes et que vous voulez en savoir plus sur leurs croyances religieuses, c'est fantastique. Si vous voulez apprendre à jeter un sort pour gagner de l'argent, c'est bien aussi. La Wicca est un voyage personnel, et vous n'avez pas besoin de justifier vos raisons d'apprendre et de pratiquer à qui que ce soit. Tant que vos intentions sont bonnes, vous pouvez pratiquer pour les raisons que vous voulez.

En parlant de sorcières adolescentes, l'image liée au mot "Wiccan" a quelque peu changé. Certaines personnes ont compris que les Wiccans ne sont pas de vieilles dames effrayantes au nez pointu et sont passées à une image plus contemporaine de femmes magiques. Le genre qui porte des jupes fluides et se fait percer le nombril. Des sœurs Halliwell et leur Livre des ombres à Buffy et Willow utilisant la sorcellerie pour débarrasser le monde des vampires, les sorcières jeunes et élégantes ont fait fureur dans les années 1990 et 2000. S'il s'agit bien d'un changement de perception par rapport aux vieilles dames maléfiques, il ne s'agit pas d'une grande amélioration en termes de précision.

Les wiccans sont de toutes les formes, de toutes les tailles, de tous les sexes et de tous les intérêts. Ils font des choix de vie et de style différents, et ils sont tous valables dans leur pratique. La Wicca n'étant pas une religion organisée - c'est-à-dire qu'il n'y a pas de chef unique ni de texte sacré - il n'y a pas d'idée unifiée de qui peut et doit pratiquer l'art. Cela signifie que tous les Wiccans peuvent choisir de se présenter différemment les uns des autres, et qu'ils peuvent choisir de pratiquer de différentes manières. Certains pratiquent seuls, d'autres avec un groupe. Certains pratiquent en public, d'autres en privé. Certains choisissent d'exprimer la Wicca à travers leur mode, d'autres à travers leur art, et d'autres encore dans leur maison. Tout est personnel. Bien sûr, il existe des lignes directrices et des suggestions au sein de la religion qui aideront les gens à prendre ces décisions.

Avantages de la Wicca

La pratique de la Wicca - à quelque titre que ce soit - présente de nombreux avantages qui peuvent avoir un impact positif sur plusieurs aspects de votre vie.

En général, il y a de nombreux avantages à explorer la spiritualité, quelle qu'elle soit, et la Wicca est un moyen facile et agréable de récolter ces avantages.

L'un des avantages généraux de la pratique de la Wicca est l'amélioration du bien-être mental. La pleine conscience, la relaxation et la méditation sont une grande partie du rituel et de la pratique wiccane qui peut évidemment faire des merveilles pour votre humeur et votre état d'esprit général. Prendre le temps de méditer et de se concentrer sur sa pratique peut être un excellent moyen de se débarrasser des tensions qui envahissent le corps ou des pensées négatives qui s'insinuent dans le cerveau. Si vous traversez une période particulièrement difficile, le fait de vous distraire ou de vous concentrer sur une tâche peut vous permettre de détourner votre esprit de ce qui vous stresse ou vous attriste.

Dans le même ordre d'idées, la pratique de la Wicca est l'excuse parfaite pour sortir et explorer votre environnement naturel, quelle qu'en soit la forme. Déconnectez-vous de la technologie et reconnectez-vous avec la nature. Cherchez des herbes ou des plantes que vous pourrez utiliser dans vos rituels, absorbez l'énergie du soleil et respirez l'air frais. La Wicca consiste à exprimer son amour pour notre monde naturel, ce qui peut être facilement oublié dans l'agitation de la vie quotidienne. De plus, s'engager dans une pratique rituelle qui demande un certain niveau de planification est un excellent moyen de structurer sa journée. Avoir une routine quotidienne - aussi simple qu'allumer une bougie en commençant la journée ou aussi complexe que préparer une offrande au Seigneur et à la Dame après une méditation au lever du soleil - vous donnera un sentiment de stabilité et de structure.

L'aspect performant de l'envoûtement et du travail rituel peut être un stimulant majeur pour la confiance en soi. Lorsque vous accomplissez un rituel ou récitez un sort, vous avez le contrôle, ce que vous n'avez peut-être pas souvent l'occasion d'expérimenter dans d'autres aspects de votre vie. La nécessité de parler à haute voix pendant les rituels est un excellent entraînement à la prise de parole en public, et lorsque vous communiquez avec vos divinités, vous pouvez mettre en pratique vos compétences générales de communication pour la vie en dehors de l'autel. Si vous n'avez pas l'habitude de contrôler le flux des conversations dans votre vie quotidienne, vous pouvez vraiment profiter de ce moment pour vous pousser à vous sentir responsable. Bien sûr, vous devez vous méfier de ne pas devenir trop à l'aise avec le pouvoir. Comme pour tout ce qui concerne la Wicca (et la vie), veillez à trouver l'équilibre. L'aspect créatif de la Wicca est un excellent moyen de faire jouer vos muscles artistiques et de trouver de nouvelles façons d'exprimer votre individualité. Qu'il s'agisse d'écriture créative dans le travail sur les sorts, de décoration intérieure lors de la mise en place de votre autel, de dessin dans votre Livre des ombres ou d'utilisation de l'artisanat pour inspirer votre esthétique personnelle, il y a tant de potentiel créatif que vous pouvez exploiter lors de l'élaboration de votre pratique personnelle.

L'introduction de la Wicca dans votre vie s'accompagne d'une communauté de soutien composée d'autres personnes pratiquant cette religion. Que vous les trouviez en personne ou en ligne, vos compagnons wiccans seront là pour vous guider et vous soutenir dans votre pratique et dans vos difficultés. Enfin, la loi tripartite, dont nous parlerons au chapitre 2, est une excellente raison de pratiquer la bonté, le calme et la compassion dans votre vie quotidienne.

Ces éléments, et bien d'autres encore, ont un effet positif incommensurable sur vous et sur ceux qui vous entourent, et ce ne sont là que quelques-uns des avantages qui découlent de l'introduction de la Wicca dans votre vie.

Ce que l'on peut attendre de ce livre

Nous allons couvrir beaucoup de terrain dans ce livre, mais ne vous attendez pas à ce que vous soyez capable de prédire l'avenir ou de faire flotter un objet simplement en le regardant. La magie wiccane est une compétence, et comme toute compétence, elle nécessite de la compréhension et de la pratique. Ce livre vous donnera tous les outils de base dont vous avez besoin pour commencer.

Les deux premiers chapitres couvrent les bases les plus élémentaires : où, quand et comment la religion a commencé et les croyances de base de la Wicca. Le chapitre 3 abordera quelques idées fausses courantes sur la pratique et vous aidera à détruire certains mythes. Ensuite, dans le chapitre 4, nous nous appuierons sur ces éléments de base et nous examinerons de plus près les différentes façons dont on peut choisir de pratiquer la Wicca.

Le chapitre 5 présente les dates clés observées par les Wiccans tout au long de l'année, ce qu'elles représentent et comment vous pouvez utiliser votre foi pour observer et célébrer ces dates.

Enfin, les chapitres 6 et 7 vous donneront des informations pratiques sur la façon d'approfondir votre foi et votre pratique. Nous passerons en revue les différents outils utilisés dans la pratique wiccane et la magie rituelle, le Livre des Ombres (oui, *Charmed* a bien compris) et les autels wiccans. Nous aborderons également les compétences clés nécessaires à la pratique de la magie, telles que la visualisation et la mise à la terre. Si vous vous sentez d'attaque, vous pourrez même vous essayer à un sort ou à un charme rituel.

Par-dessus tout, vous pouvez vous attendre à ce que ce livre vous apporte une compréhension claire des croyances et de la magie wiccanes. Commençons.

Si vous ne faites de mal à personne, faites ce que vous voulez.

CHAPITRE 1 : LES ORIGINES

Lorsque l'on parle des origines de la Wicca - comment, quand, pourquoi, etc. - on trouve parfois des personnes qui affirment que cette pratique remonte à plusieurs siècles. D'autres diront qu'elle n'a commencé qu'au XXe siècle. Alors, de quoi s'agit-il ?

La vérité est qu'il s'agit en fait d'un peu des deux.

Les éléments de base de la Wicca, tels que la morale principale et les rituels magiques, découlent de croyances et de pratiques religieuses qui remontent à des milliers d'années, bien avant que le christianisme ne soit établi en tant que religion (ou même que l'on y pense, d'ailleurs). Cependant, la Wicca en tant que religion structurée et reconnue n'a réellement commencé à prendre de l'ampleur qu'à la fin du XIXe siècle et au début du XXe siècle, lorsque le mouvement occulte britannique a commencé à prendre de l'ampleur. En fait, le mot "Wicca" n'a été inventé qu'au milieu du 20e siècle.

Toutefois, avant d'aborder l'histoire de la religion, il convient de clarifier un point. Toutes les sorcières ne sont pas wiccans, et tous les wiccans ne sont pas des sorcières. Les sorcières existaient avant la création de la Wicca, et une personne peut être une sorcière sans adhérer aux idéaux de la Wicca. Il existe également d'autres religions païennes qui n'ont rien à voir avec la sorcellerie ou la magie. Les mots "Wicca", "sorcière" et "païen" sont parfois utilisés de manière interchangeable, alors qu'il ne s'agit pas de la même chose. Le mot "Wiccan" n'a été inventé qu'en 1954. Il est donc important de noter que toute étude ou mention de la sorcellerie avant le milieu du 20e siècle n'est pas directement liée à la Wicca. Les deux sont liés, bien sûr, mais ils ne sont pas identiques.

Nous ferons une distinction plus détaillée entre les dénominations de sorcière et de wiccan plus loin dans le livre, mais il est important de noter qu'avant les années 1950, la plupart des gens pensaient encore qu'une sorcière était le genre de personne "magie noire, brûlée sur le bûcher", et ces sorcières ne sont pas toutes mortes pendant les procès en sorcellerie. Gardez cela à l'esprit au fur et à mesure que nous avançons. Pour les besoins de ce livre, un wiccan est une personne qui pratique le rituel de la magie et adhère à un ensemble de croyances et de philosophies essentielles, tandis qu'une sorcière est une personne qui ne pratique que la magie.

Passons maintenant à l'histoire.

Bien après le Moyen Âge

Nombreux sont ceux qui attribuent l'organisation de la Wicca à un homme appelé Gerald Gardner. Bien que cela soit en grande partie vrai, la personne qui devrait probablement être créditée du nouvel intérêt moderne pour la sorcellerie est le Dr Margaret Murray, une anthropologue, égyptologue, archéologue, folkloriste et historienne anglo-indienne. En 1921, Murray a écrit *The Witch-Cult in Western Europe (Le culte des sorcières en Europe occidentale)*, une étude basée sur les rapports des procès de sorcellerie. C'est la première fois qu'un érudit de renom se penche sur le sujet de la sorcellerie d'un œil impartial. Jusqu'alors, la plupart des travaux écrits sur le sujet semblaient souscrire à la croyance chrétienne primitive selon laquelle la sorcellerie, sous quelque forme que ce soit, était une sorte d'hérésie. *The Witch-Cult in Western Europe (Le culte de la sorcellerie en Europe occidentale)* avançait l'idée que la sorcellerie n'était pas en réalité une forme d'hérésie chrétienne, mais plutôt la pratique d'un ancien culte païen de la fertilité, antérieur au christianisme et ayant survécu à la purge anti-païenne du

Moyen-Âge. Ce sont les recherches de Murray qui ont suscité l'intérêt de Gardner pour la sorcellerie.

Dans les années 1940, Gardner, qui a maintenant la soixantaine et qui a beaucoup voyagé, étudie les pratiques occultes du passé et du présent. Par souci de clarté, le terme "occulte" désigne ici "les questions considérées comme impliquant l'action ou l'influence de pouvoirs surnaturels ou supranormaux, ou une connaissance secrète de ceux-ci". Suite à ce nouvel intérêt pour la sorcellerie et l'occultisme, Gardner a découvert que sa belle-grand-mère - la seconde femme de son grand-père - était connue, du moins de réputation, pour être une sorcière, et qu'il avait un ancêtre du nom de Gizell Gairdner qui a été brûlé pour avoir été une sorcière en l'an 1640. Grâce à ce lien familial, Gardner a été initié à un coven existant à Christchurch, une ville du Royaume-Uni.

Il est important de reconnaître que les covens et les sorcières pratiquantes existaient avant l'époque de Gardner, et même avant celle de Murray. Comme nous l'avons souligné précédemment, les sorcières existent depuis des siècles et, bien que les chrétiens aient tenté d'écraser la religion au Moyen-Âge (jusqu'en 1750 environ), les traditions et les pratiques - enracinées dans la magie populaire - ont survécu. Elles sont simplement devenues clandestines. Les traditions étaient transmises par les membres de la famille, et ces sorcières pratiquantes étaient appelées "fam trad witches". Les sorcières familiales ont continué à pratiquer leur art aux XVIIIe et XIXe siècles et ont été à la base d'études et de recherches telles que celles du Dr Murray. Ainsi, les covens de sorcières pratiquantes n'étaient peut-être pas très répandus, mais il n'était pas impossible de les trouver.

Nous sommes alors au milieu des années 1940 et Gardner est convaincu que trop de gens pensent encore que les sorcières sont des femmes diaboliques qui adorent le diable. Bien que les ouvrages du Dr Murray aient attiré l'attention, ils n'étaient pas vraiment des best-sellers. Le grand public n'aurait pas pris *The Witch-Cult in Western Europe (Le culte des sorcières en Europe de l'Ouest)* pour une lecture facile à l'heure du coucher. Gardner voulait que tout le monde sache que les sorcières ne sont pas des femmes maléfiques ou des escrocs, mais qu'il s'agit en fait d'un groupe de personnes qui ont un profond respect pour la nature, les traditions et le folklore. Toutefois, à cette époque, la loi sur la sorcellerie de 1735 était toujours en vigueur. Il s'agissait d'un projet de loi du parlement britannique qui stipulait que le fait de prétendre avoir des pouvoirs magiques était toujours un crime et que les personnes reconnues coupables étaient condamnées à une peine maximale d'un an d'emprisonnement. Il n'est donc pas surprenant que le reste du clan de Gardner ne soit pas très enthousiaste à l'idée de faire savoir à tout le monde ce qu'il fait. Pour contourner le problème, Gardner écrivit un roman historique intitulé *High Magic's Aid* (publié en 1949), qui expliquait essentiellement tout ce que les sorcières modernes faisaient, mais qui était présenté comme une fiction. C'est ainsi que Gardner est entré sur la pointe des pieds dans le bassin des écrits magiques qui allaient finalement conduire à l'organisation de ce que nous appelons aujourd'hui la Wicca.

Spécial K

En parlant de magie, pourquoi ce "k" ? Le mot "magick" a été inventé par Aleister Crowley, une autre personne clé dans l'histoire de la Wicca, mais qui est aussi très problématique. Crowley était un occultiste, poète et écrivain anglais (parmi beaucoup d'autres choses), qui a inventé le mot "magick" pour distinguer son travail des tours de passe-passe utilisés par les magiciens sur scène. Le terme "magick" désignait un véritable pouvoir obtenu auprès du divin et du mystique, et non un travail d'illusion. Bien qu'il ait accompli un travail formidable dans le domaine du mysticisme et de l'occultisme, il a également défendu des croyances problématiques. Crowley était connu pour être misogyne et raciste, et une grande partie de son travail penchait vers des tendances satanistes. Gardner a rencontré Crowley en 1947, et les écrits de Crowley ont eu une grande influence sur les écrits de Gardner et sur ses travaux ultérieurs dans le domaine de la magie wiccan, Gardner ayant même inclus certains des rituels de Crowley dans ses propres pratiques.

Quoi qu'il en soit, revenons à Gardner et à son art grandissant. S'inspirant des écrits de Murray, des pratiques de son groupe d'origine, des rituels et des enseignements de Crowley, Gardner a commencé à rassembler tous ces éléments dans une nouvelle pratique qu'il a appelée la Wicca. En 1951, la loi sur la sorcellerie de 1735 a été abrogée, ce qui signifie qu'il n'y aurait plus de répercussions légales pour quiconque prétendrait être une sorcière (ou serait accusé d'en être une). Gardner saisit cette occasion pour promouvoir l'art de la sorcellerie en écrivant deux autres livres qui sont désormais présentés comme des faits et non plus comme de la fiction. Sa pratique a rapidement été appelée Wicca Gardnerienne et c'est un style de Wicca qui est encore pratiqué aujourd'hui. Il s'est également souvent adressé à la presse pour parler de son travail et a appelé le public à en apprendre davantage sur la Wicca et la sorcellerie, en insistant sur le fait qu'il ne s'agissait en aucun cas d'une pratique diabolique ou satanique. Tous ces écrits et entretiens avec la presse ont attiré l'ire des sorcières traditionnelles. Non seulement elles s'opposaient au style de sorcellerie de Gardner, qui mélangeait pratiques occultes et traditions populaires, mais elles n'étaient pas non plus impressionnées par son désir apparent d'attirer l'attention.

En réalité, Gardner avait 67 ans à ce moment-là, et beaucoup de ses compagnons sorciers et wiccans avaient le même âge ou étaient plus âgés. Il craignait que la nouvelle religion ne s'éteigne avec eux et tentait désespérément d'attirer les jeunes qui pourraient être intéressés par la pratique et la perpétuer. Cela a manifestement fonctionné, sinon vous ne seriez pas en train de lire ce livre.

Groovy, Baby

Alors que la Wicca gagnait en popularité auprès des jeunes en Grande-Bretagne, elle a également traversé l'Atlantique. C'est à Raymond Buckland que l'on doit l'introduction de la Wicca gardnerienne aux États-Unis, avec sa femme Rosemary. Buckland est un auteur et un Wiccan qui a beaucoup écrit sur les thèmes de la

Wicca et de la sorcellerie. En fait, si vous cherchez un compte rendu très détaillé de l'histoire de la sorcellerie et de son évolution vers la Wicca, nous vous conseillons vivement de lire son livre *Witchcraft from the Inside (La sorcellerie de l'intérieur)*. Buckland est originaire de Londres, mais juste avant qu'ils ne s'installent aux États-Unis en 1962, ils deviendront les premiers initiés de Gardner à pratiquer en dehors du Royaume-Uni. Gardner décédera deux ans plus tard. Les années 1960 et 1970 ont vu la popularité de la Wicca croître parmi les nouveaux Wiccans du monde entier. Les féministes de la deuxième vague ont également eu un impact durable sur la religion, en mettant l'accent sur l'adoration de la déesse et du divin féminin. La religion post-médiévale - en particulier le christianisme - était très patriarcale, de sorte que la reconnaissance d'une divinité féminine était bien accueillie et encouragée. Les années 1970 ont également été marquées par l'essor de ce que l'on appelle la "Wicca éclectique", dans laquelle les wiccans combinent un ensemble de rituels et de croyances issus de différentes pratiques pour les adapter à leur propre cheminement, à l'instar de ce que Gardner lui-même avait fait 20 ans plus tôt. En fait, la Wicca gardnerienne tombait légèrement en disgrâce à cette époque, et d'autres voies commençaient lentement à se former. Nous discuterons de ces différentes voies dans un chapitre ultérieur.

Mais tout n'était pas que féminisme et bonheur. Alors que la sorcellerie et la Wicca gagnaient en popularité et en visibilité, elles attiraient inutilement l'attention. Une partie de cette attention s'est manifestée sous la forme d'une culture populaire, les auteurs et les réalisateurs incluant plus souvent la sorcellerie dans leurs œuvres, parfois sans avoir fait les recherches nécessaires. Le livre devenu film, *Rosemary's Baby*, sorti respectivement en 1967 et 1968, en est un bon exemple. Dans l'histoire, Ira Levin a inclus des personnages qui s'identifiaient comme des sorcières, mais les rituels qu'ils pratiquaient s'apparentaient plus à un culte satanique qu'à de la véritable sorcellerie. Malheureusement, le livre et le film ne donnaient pas une image fidèle de la sorcellerie, ce qui a eu pour effet de donner une mauvaise presse aux sorcières et aux wiccans. Il en est résulté deux choses : d'une part, des personnages peu recommandables ont commencé à s'identifier comme des sorcières et des wiccans sans adhérer aux croyances wiccanes et, d'autre part, les wiccans qui pratiquaient véritablement la sorcellerie ont de nouveau été considérés comme des malfaiteurs et des adorateurs du diable.

Et aujourd'hui ?

Malgré cela, la religion wiccane a continué - et continue - à se développer. À la fin du XXe siècle, plusieurs églises et covens wiccans ont été légalement reconnus comme des organisations religieuses à but non lucratif. Des prêtres et prêtresses wiccans étaient présents dans des institutions telles que les prisons, et de plus en plus d'individus trouvaient l'illumination sur leur propre chemin. La distinction entre les sorcières et les wiccans reste quelque peu floue, mais je le répète : toutes les sorcières ne sont pas wiccans, et tous les wiccans ne sont pas des sorcières. Certaines personnes pratiquent la sorcellerie et adhèrent à la religion de la Wicca, et certains Wiccans suivent les croyances religieuses mais ne pratiquent pas les rituels ou l'envoûtement. Le reste de ce livre se concentre sur les aspects religieux et magiques de la Wicca et, en tant que lecteur, vous êtes invité à les prendre en compte tous les deux, ou seulement l'un d'entre eux, ou aucun. Tout dépend de vous.

CHAPITRE 2 : CROYANCES

Comme toute autre religion, la Wicca s'articule autour d'un ensemble de croyances fondamentales qui guident les rituels, les pratiques et la vie quotidienne des Wiccans.

La déesse et le dieu

La Déesse et le Dieu portent de nombreux noms différents. Vous pouvez les appeler le Seigneur et la Dame, les Déités, le Dieu Soleil et la Triple Déesse, pour n'en citer que quelques-uns. En fait, les wiccans croient en une double divinité, moitié déesse, moitié dieu. Il est important de noter que croire en une divinité ne signifie pas nécessairement croire qu'il y a un vieil homme dans le ciel qui nous contrôle et juge tout ce que nous faisons. Le concept de Dieu ou de Déesse peut être décrit comme un mystère de l'être qui transcende toutes les autres choses. Placer ce "mystère de l'être" sur une divinité - dans ce cas la Déesse et le Dieu - nous donne simplement un endroit où diriger nos croyances et notre énergie.

En tant que divinité double, la Déesse et le Dieu sont les deux moitiés d'un tout. Ils existent séparément, mais travaillent en harmonie l'un avec l'autre. L'un ne peut exister sans l'autre, tout comme le yin et le yang ou le jour et la nuit. Les Wiccans croient que la divinité est la force originelle féminine et masculine qui rend toute la vie possible et qui est donc présente dans tous les êtres humains et toutes les choses.

La déesse est liée au pouvoir de la lune et, tout comme la lune a trois phases, la déesse a trois visages : la jeune fille, la mère et la brique. Le Dieu, quant à lui, est lié au pouvoir du soleil et possède également trois visages : l'Homme vert, le Dieu cornu et le Sage. Au fil de l'année, la Déesse et le Dieu se transforment et nous guident, ainsi que chacun d'entre nous, dans nos propres transformations.

La vierge

La jeune fille est liée au croissant de lune. Elle représente les nouveaux départs et les nouvelles directions. La jeune fille est pleine d'espoir, d'optimisme et d'un sentiment de naïveté lié à la jeunesse et à l'inexpérience. Elle a des choix à faire et est pleine d'excitation pour ce qui est à venir.

La mère

La Mère est liée à la pleine lune. Elle représente l'existence dans ce qu'elle a de plus fertile, dans tous les aspects de la vie, y compris l'esprit, le corps et l'âme. La mère est pleine de créativité, de sexualité et de stabilité. Elle prend soin de ceux qui l'entourent, qu'il s'agisse d'êtres humains, d'animaux ou de plantes. Elle encourage la croissance.

La Crone

La Crone est liée à la nouvelle lune, parfois aussi appelée lune sombre ou lune décroissante. Elle représente l'expérience, la sagesse et la connaissance. Elle a vécu, nourri et fait des choix, et elle est maintenant en mesure de réfléchir et de conseiller. La Crone peut voir à la fois le passé et l'avenir et se trouve au seuil d'une fin et d'un nouveau commencement.

L'homme vert

L'homme vert est synonyme de croissance et de promesses. Il est jeune et représente le printemps, période de renaissance. Il est plein d'enthousiasme pour le voyage qui l'attend et les choix auxquels il va être confronté.

Le Dieu cornu

Le dieu cornu représente la fertilité, la virilité et la force. Il est déterminé et prêt à mettre ses idées en œuvre par tous les moyens nécessaires.

Le Sage

Le Sage, tout comme la Crone, représente la sagesse, la connaissance et l'expérience. Le Sage est un mentor pour ceux qui l'entourent, et il offre un temps de réflexion et de considération avant d'entamer un nouveau voyage.

Le pouvoir de la nature et des éléments

La croyance dans le pouvoir et la divinité de la nature est à la base de toutes les croyances païennes et, par conséquent, à la base de la Wicca. Comme expliqué plus haut, la Wicca affirme que la Déesse et le Dieu sont les forces originelles qui ont créé la vie et qui sont présentes en toutes choses. Cela signifie que toutes les choses, grandes et petites, sont des manifestations physiques de la divinité et sont, à leur tour, sacrées et doivent être traitées comme telles. On croit que la déesse a donné naissance à toutes les choses et qu'elle les reçoit à nouveau dans la mort.

À cette croyance s'ajoute le fait que, avant que la révolution industrielle et le siècle des Lumières ne viennent changer le mode de vie de tant de gens, nos ancêtres n'avaient que la nature pour les guider dans leur vie quotidienne. De la navigation à l'abri, de la nourriture à la médecine, en passant par la lumière et la chaleur, les civilisations anciennes devaient exploiter le pouvoir de la terre pour survivre. En d'autres termes, l'homme et la nature travaillaient en tandem pour se maintenir heureux et en bonne santé. Bien que la technologie contemporaine ait rendu notre dépendance à l'égard de la nature beaucoup moins urgente, les Wiccans croient toujours qu'il faut travailler en tandem avec la nature non seulement pour survivre, mais aussi pour s'épanouir.

Si la divinité est présente dans la nature, alors la nature a le pouvoir divin de nous guider dans notre vie. Ce pouvoir ne doit pas seulement être respecté et entretenu, mais utilisé et dynamisé par nos pratiques wiccanes.

Cette énergie divine répandue sur toute la terre peut être divisée en quatre éléments principaux : le feu, la terre, l'air et l'eau. Les Wiccans récoltent ces éléments afin de donner de la puissance à leurs rituels et d'informer leur pratique. Les Wiccans reconnaissent également l'existence d'un cinquième élément, l'élément de l'esprit. Ces éléments travaillent ensemble pour créer la vie qui nous entoure. Tout comme la Déesse et le Dieu, les éléments existent séparément mais travaillent ensemble. Là encore, l'un ne peut exister sans l'autre. Si un seul élément venait à disparaître, le monde tel que nous le connaissons n'existerait plus. Les éléments possèdent tous une énergie unique qui peut être récoltée et introduite dans la magie d'un Wiccan.

Incendie

Le feu représente la passion et le courage. Il a une énergie qui va de l'avant et qui transforme. Il est masculin, féroce et fort. Il peut parfois représenter la colère et le danger. Le feu est utilisé dans les rituels et les sorts pour se représenter lui-même.

Terre

La terre est un élément féminin, solide et stable. Elle est présente dans tout ce qui nous entoure. Tout ce que nous pouvons voir, toucher, goûter et sentir contient un peu de terre. Pour représenter la terre dans leurs rituels, les Wiccans utilisent des pierres, des cristaux et du sel.

Air

L'air représente la créativité et la communication. Il est léger, changeant et masculin. Il représente notre voix ou nos pensées les plus intimes, ainsi que l'art et la passion créative. Dans les rituels, l'air est représenté par des plumes ou de l'encens.

L'eau

L'eau est représentative des rêves et des visions. Elle est mystique, féminine, purificatrice et curative. Comme le feu, l'eau possède également une énergie qui va de l'avant et qui transforme, mais elle est beaucoup plus lente et contrôlée. L'eau est utilisée dans les rituels pour se représenter elle-même.

L'esprit

L'élément de l'esprit n'a pas de forme unique. C'est un élément personnel qui représente l'élément divin dans le monde. Il équilibre et relie les quatre autres éléments et est représenté dans les rituels et les sorts par les wiccans eux-mêmes.

La rédemption wiccane

Le Wiccan Rede est un ensemble de codes moraux que les Wiccans respectent à la fois dans leur pratique religieuse et dans leur vie quotidienne. Il se présente sous la forme d'un long poème, que les wiccans inscrivent souvent au début de leur Livre des Ombres (que nous aborderons au chapitre 5). Les origines de la Rede sont quelque peu contestées. Certains pensent que c'est Gerald Gardner qui l'a écrit, mais la première version enregistrée est attribuée à Doreen Valiente, qui était membre du coven de Gardner, en 1964. On pense également que la version complète - connue sous le nom de Long Rede - a été écrite en 1974 par une femme nommée Phyllis 'Gwen' Thompson. La version complète de ce Long Rede se trouve ci-dessous, mais on considère généralement que le Wiccan Rede n'est que le dernier vers de ce poème.

Nous devons respecter les lois wiccanes dans un amour et une confiance parfaits.

Vivre et laisser vivre. Prendre et donner équitablement.

Lancez le cercle trois fois autour de vous pour empêcher les mauvais esprits d'entrer.

Pour lier le sort à chaque fois, il faut que le sort soit prononcé en rimes.

Doux à l'œil et léger au toucher, il parle peu et écoute beaucoup.

Deosil se rend à la lune croissante, en chantant la rune des sorcières.

Les Widdershins se rendent à la lune décroissante, en psalmodiant la rune funeste.

Lorsque la lune de la Dame est nouvelle, baisez-lui la main, deux fois.

Lorsque la lune est à son apogée, le désir de ton cœur se manifeste.

Tenez compte du puissant coup de vent du Nord, verrouillez la porte et affalez la voile.

Quand le vent vient du Sud, l'amour t'embrasse sur la bouche.

Lorsque le vent souffle de l'ouest, les âmes défuntes n'ont pas de repos.

Lorsque le vent souffle de l'Est, attendez la nouveauté et préparez la fête.

Neuf bois dans le chaudron, brûlez-les vite et brûlez-les lentement.

L'arbre de la Dame est un arbre ancien, ne le brûlez pas ou vous serez maudit.

Lorsque la roue commence à tourner, laissez brûler les feux de Beltane.

Lorsque la roue est devenue Yule, on allume la bûche et le cornu règne.

Prêtez attention à la fleur, au buisson et à l'arbre, par la Dame, bénie soit-elle.

Où vont les eaux ondulantes, jette une pierre et tu connaîtras la vérité.

Lorsque vous avez un besoin réel, n'écoutez pas l'avidité des autres.

Ne passez pas de temps avec un imbécile, de peur d'être considéré comme son ami.

Joyeuse rencontre et joyeuse fête, qui fait briller les joues et réchauffe le cœur.

Respectez la triple loi, trois fois mauvaise et trois fois bonne.

Quand le malheur est là, porte l'étoile bleue sur ton front.

Sois toujours fidèle en amour, de peur que ton amant ne te trompe.

Huit mots que le Wiccan Rede accomplit : Ne nuisez à personne, faites ce que vous voulez.

Ne nuisez à personne, faites ce que vous voulez

Cette phrase est le code moral que tous les Wiccans respectent. À première vue, elle pourrait se traduire par "ne pas faire de mal". Bien que ce soit un peu vrai, ce n'est pas le véritable objectif du Wiccan Rede. Bien sûr, ne pas faire de mal - à soi-même ou aux autres - est un élément clé de la Wicca. Cela devrait être un élément clé de la vie de la plupart des gens. Cependant, le mot qui informe vraiment la pratique d'un Wiccan est le mot "volonté".

Nous savons tous ce qu'est un "désir". Je veux une part de gâteau, vous voulez que votre ami aille mieux, nous voulons être riches. Vos désirs influenceront vos rituels et votre travail d'envoûtement, car ils indiqueront votre objectif final. Votre "volonté" est le pouvoir qui est en vous et qui vous aide à atteindre ce but. Votre volonté est une énergie intérieure qui vous oriente vers le chemin que vous êtes censé suivre. En se concentrant sur sa volonté interne, le Wiccan est amené à agir en fonction de son but le plus élevé. En supposant que le Wiccan se soit branché sur le pouvoir divin de la nature et des éléments, sa volonté est ce qui l'oriente vers le but final qui lui est destiné. Si vous vous concentrez sur votre volonté - et pas seulement sur vos désirs - vos actions découleront toutes d'un lieu spirituel, et vous serez en harmonie avec la nature et la divinité.

Loi tripartite

Dans la Wicca, il n'y a personne pour vous dire ce que vous pouvez ou ne pouvez pas faire. Si vous voulez faire du mal à un ex, personne ne viendra vous en empêcher. Cependant, les Wiccans croient en la loi triple. Cette loi stipule que tout ce que vous mettez dans le monde vous reviendra trois fois. Ainsi, si vous faites quelque chose de bien, le bien vous reviendra. Il en va de même pour les intentions et les énergies négatives. La règle du "trois fois" ne signifie pas nécessairement que trois bonnes ou trois mauvaises choses se produiront. Elle signifie plutôt que l'énergie qui vous reviendra sera trois fois supérieure à celle que vous émettez dans l'univers.

La Wicca, c'est vous et vos choix. Vos choix influenceront en fin de compte le rythme de votre vie. Donc, si cela ne nuit à personne, suivez votre volonté. Si elle fait du tort à quelqu'un, soyez prêt à ce que votre volonté vous conduise dans un endroit désagréable.

Autres convictions

Par nature, la Wicca est un ensemble de pratiques et de croyances empruntées à d'autres systèmes religieux et assemblées pour construire une œuvre unique. Avec les quatre croyances principales décrites ci-dessus comme base, de nombreux wiccans incorporent d'autres croyances dans leur religion afin d'enrichir leur pratique. Les croyances énumérées ci-dessous ne sont que quelques-unes d'entre elles.

Réincarnation, vie après la mort et animisme

Les Wiccans croient en une vie après la mort, mais celle-ci n'est pas aussi spécifique que des concepts tels que le "paradis et l'enfer" dans le christianisme. Pour l'essentiel, la croyance en une vie après la mort ne fait que confirmer que notre vie ne s'arrête pas une fois que nous sommes décédés, mais que nos âmes ou nos esprits se déplacent vers un nouvel endroit. Il peut s'agir du lieu de repos final de notre âme, ou d'une sorte de "salle d'attente" pendant que notre âme voyage d'une vie à l'autre. De nombreux wiccans croient également en la notion de réincarnation.

Que vous croyiez que quelqu'un reviendra sous la forme d'une plante, d'un animal ou d'une nouvelle personne, la réincarnation est une extension logique du cycle naissance/mort/renaissance présent dans les divinités (et dans la nature, puisque les divinités sont présentes dans la nature). Enfin, la notion d'animisme reconnaît que tous les êtres vivants de la planète ont une âme ou un esprit, et pas seulement les humains. Des chats aux feuilles en passant par les volcans, partout où la divinité est présente, elle suivra le cycle naissance/mort/renaissance.

Divination

La divination est l'art d'inviter les messages de l'énergie naturelle de l'univers et la capacité de lire ces messages. Les Wiccans utilisent généralement la divination pour regarder vers l'avenir et chercher des réponses à des questions pressantes ou des conseils pour prendre des décisions importantes. Il existe plusieurs méthodes pour pratiquer la divination, mais les plus courantes sont le tarot, les pierres runiques, la tasséographie (lecture des feuilles de thé) et la chiromancie. La divination est une compétence occulte qui n'est pas l'apanage de la Wicca, mais c'est une compétence facile à acquérir pour ceux qui souhaitent s'essayer à la magick.

Astrologie

Si les Wiccans croient qu'il existe une puissance divine dans toutes les choses naturelles, du soleil au grain de sable, alors, naturellement, cette puissance divine existe aussi dans les étoiles et les planètes. L'astrologie est bien plus que la simple compréhension de la carte du zodiaque d'une personne, même si cela entre en ligne de compte. Les Wiccans croient plutôt que la position des étoiles et des planètes a un effet sur notre vie quotidienne, qu'il s'agisse de décisions personnelles ou d'événements mondiaux. Cet alignement affectera alors votre pratique magique et les rituels que vous choisirez d'accomplir à un certain moment de l'année. De plus, la position des étoiles et des planètes le jour de votre naissance affectera votre énergie intérieure et l'énergie que vous mettez dans votre pratique quotidienne.

La numérologie

Enfin, la numérologie est la croyance selon laquelle tous les nombres ont une énergie spirituelle ou magique. Chaque personne a un nombre spécifique basé sur sa date de naissance et les lettres de son nom, et ce nombre affecte son énergie. Certains Wiccans choisissent de changer de nom, en fonction des propriétés magiques liées aux nombres. La correspondance entre les lettres et les nombres est la suivante :

- 1 = A, J, S
- 2 = B, K, T
- 3 = C, L, U
- 4 = D, M, V
- 5 = E, N, W
- 6 = F, O, X
- 7 = G, P, Y
- 8 = H, Q, Z
- 9 = I, R

Vous pouvez choisir un nombre qui vous concerne, comme votre date de naissance, ou simplement un nombre qui vous attire particulièrement. Vous devez ensuite réduire cette date à un seul chiffre. Si, par exemple, votre date d'anniversaire est le 19/08/1996, vous ferez 8+1+9+1+9+9+6 = 43, puis 4+3 = 7. Vous choisirez donc une lettre correspondant au chiffre 7 pour commencer votre nouveau nom wiccan, comme Grace, Pan ou Yule.

Vous pouvez également prendre vos chiffres préférés et essayer de créer une combinaison unique correspondant à un mot. Ainsi, si vous êtes fan des chiffres 1, 3 et 7, vous pourriez essayer de créer un nom qui incorpore certaines des lettres A, J, S, C, I, U, G, P et Y. Sage, Jack et Gypsy sont trois noms qui pourraient fonctionner dans ce cas.

Quelle que soit la manière dont vous choisissez d'établir votre énergie numérique, elle se manifeste ensuite sous la forme de traits de personnalité et d'expériences de vie, à l'instar de certains aspects de l'astrologie. Les nombres sont également un aspect important des rituels et des sorts wiccans.

CHAPITRE 3 : MYTHES ET IDÉES FAUSSES

Avant d'aller plus loin dans notre voyage de débutant Wiccan, il serait bénéfique de faire une pause pour un bref moment et de réfléchir à certains mythes communs et les idées fausses qui entourent Wicca. Certaines de ces idées fausses ont déjà été abordées dans les deux premiers chapitres de ce livre, et d'autres peuvent sembler évidentes, mais quoi qu'il en soit, il est utile de nous rappeler ce que les autres peuvent penser de nous et pourquoi ces choses qu'ils pensent sont très certainement fausses. Cela ne veut pas dire qu'il faut aller crier au visage des gens pour leur rappeler ce qu'est la Wicca, mais plutôt qu'il faut utiliser ces informations pour soutenir des conversations calmes et instruites.

La Wicca est de la sorcellerie

D'accord, en fait, la première est un peu vraie. Parfois. Mais pas tout le temps.

La Wicca est une pratique religieuse qui s'inspire des traditions populaires, notamment de la sorcellerie. Cependant, toutes les personnes qui pratiquent la sorcellerie n'adhèrent pas aux croyances wiccanes, et toutes les personnes qui s'identifient comme adeptes de la religion wicca ne participent pas aux aspects magiques ou sorciers de cette religion.

Seules les femmes peuvent être wiccans

Ce n'est absolument pas le cas ; des personnes de tout sexe peuvent pratiquer la Wicca. Bien que cette religion mette fortement l'accent sur l'énergie féminine chez les humains et dans la nature, cette énergie n'existe pas exclusivement chez les femmes. La double énergie de la divinité - qui est à la fois féminine et masculine - est présente en chacun de nous.

La Wicca est exclusive

Dans le prolongement du point précédent, la Wicca n'exclut personne de la pratique de la religion. Des personnes de tous sexes, races, orientations, croyances et origines peuvent pratiquer.

La Wicca n'est pas non plus une religion exclusive en ce sens qu'elle peut être pratiquée parallèlement à d'autres religions. On peut être wiccan et bouddhiste, chrétien ou agnostique. Vous pouvez même incorporer des croyances et des pratiques d'autres religions dans votre artisanat wiccan.

Les wiccans sont des satanistes

La Wicca est basée sur des croyances et des pratiques préchrétiennes, et ne reconnaît donc même pas l'existence de Satan. Cette idée fausse est probablement due aux connotations négatives attachées au symbole du pentagramme, utilisé dans la Wicca. Le pentagramme a acquis une mauvaise réputation parce qu'il est souvent présenté à tort dans la culture pop et les médias comme un symbole sataniste. Bien que le satanisme intègre le pentagramme, le symbole lui-même n'est pas négatif. Le pentagramme représente simplement les cinq éléments : le feu, l'air, l'eau, la terre et l'esprit. Avec le triangle supérieur de l'étoile pointant vers le haut, le pentagramme représente une énergie féminine, et lorsqu'il est inversé, il représente une énergie masculine. C'est tout. Le pentagramme n'est un symbole satanique que lorsqu'il est utilisé par des satanistes, et les wiccans ne sont pas des satanistes.

La Wicca est une religion ancienne

Comme nous l'avons découvert au chapitre 1, la Wicca n'a réellement vu le jour que dans les années 1940 et 1950. Elle s'inspire d'éléments de religions et de traditions anciennes, mais en tant que religion, elle n'est pas très ancienne.

Les wiccans sacrifient des animaux

Cela peut sembler évident si l'on considère tout ce que nous avons appris sur la façon dont les Wiccans considèrent la nature, mais ils n'incluent absolument pas de sacrifices d'animaux dans leurs rituels. Les animaux peuvent être évoqués par des symboles, mais un Wiccan ne ferait jamais de mal à un animal dans le cadre de sa pratique.

Sur l'acceptation de la foi

En raison des idées fausses qui entourent la Wicca et la sorcellerie, il peut parfois être effrayant de parler de sa religion. Certains Wiccans utilisent l'expression "sortir du placard à balais" pour indiquer qu'ils ont commencé à dire aux gens qu'ils pratiquent la Wicca. Cependant, la réaction à ce "coming out" n'est pas toujours positive. Voici quelques conseils pour faciliter ce processus :

- Éduquez les autres et vous-même. Si vous en savez le plus possible sur la Wicca, la morale et les racines de cette pratique, il vous sera plus facile d'expliquer ce que vous faites à des gens qui, lorsque vous prononcez le mot "sorcière", pensent peut-être à des femmes effrayantes volant sur des balais.

- Mettez l'accent sur l'aspect "religion basée sur la nature" de la pratique. Tout le monde fait l'expérience et comprend le pouvoir du monde naturel, même s'il ne le considère pas comme une entité divine.

- Faites-vous passer en premier. Le choix de pratiquer la Wicca est une décision personnelle, vous n'avez donc pas besoin de l'approbation de quelqu'un d'autre pour pratiquer. Bien sûr, l'idéal serait que vos proches respectent votre foi, mais avant tout, vous choisissez de pratiquer la Wicca pour vous-même et pour personne d'autre.

CHAPITRE 4 : CHOISIR UNE VOIE

Jusqu'à présent, nous n'avons abordé que les principes de la Wicca gardnerienne, la première forme de Wicca organisée. Cependant, comme nous l'avons également abordé, les pratiques et les croyances wiccanes prennent de nombreuses formes différentes. Bien qu'elles suivent toutes les croyances wiccanes de base (les divinités, le pouvoir de la nature et le rouge wiccan), il existe différents types de Wicca qui se concentrent chacun sur des éléments spécifiques différents.

Par exemple, tous les wiccans ne choisiront pas de louer la Triple Déesse et le Dieu Cornu. Certains wiccans peuvent reconnaître des divinités sous d'autres formes et dans d'autres religions ou mythologies, mais ils croient au pouvoir d'une divinité d'une manière ou d'une autre. Certains wiccans ne pratiquent pas du tout la magie. Certains wiccans ne pratiquent la magie que lorsqu'ils sont entourés d'autres wiccans.

Les différentes voies wiccanes envisagent également l'importance des rituels d'initiation d'une manière différente, que nous aborderons brièvement dans ce chapitre.

Types de Wicca

Nous ne parlerons pas ici de la Wicca gardnerienne car nous l'avons déjà fait, mais sachez qu'elle a été la première forme organisée de Wicca et qu'elle sert souvent de base à différents types de Wicca.

Alexandrie

Il s'agit peut-être de la première variante de la Wicca à avoir existé après l'établissement de la Wicca gardnerienne. Elle a été lancée au Royaume-Uni dans les années 1960 par Alex et Maxine Sanders et est très proche de la Wicca gardnerienne, à l'exception de deux différences essentielles. La première est l'accent mis sur la polarité des sexes, c'est-à-dire la reconnaissance d'une différence distincte entre les énergies masculines et féminines chez les divinités et les praticiens. La seconde est que la Wicca alexandrine est considérée comme "moins stricte" que la Wicca gardnerienne dans ses croyances et ses rituels. L'approche alexandrine de la religion et de la sorcellerie est fondamentalement "si ça marche, utilisez-le". Les covens alexandrins se réunissent à la pleine lune, à la nouvelle lune et lors des fêtes du sabbat.

Celtique/Faery

La Wicca celtique reprend les principes de base de toute la Wicca et y incorpore - comme son nom l'indique - des éléments de la mythologie celtique, tels que les divinités et les fêtes saisonnières. La Wicca celtique enseigne un amour et un respect intenses pour la terre et se concentre sur les propriétés magiques des plantes, des pierres, des herbes, des arbres, etc. La Wicca celtique reconnaît également l'existence des "fae", des créatures magiques telles que les fées, les gnomes et les lutins.

La Wicca de la Fée est une branche de la Wicca celtique qui se concentre uniquement sur l'existence des faes à la place d'autres divinités. Ces deux types de Wicca peuvent être pratiqués en solitaire et vous pouvez vous initier à la pratique.

Seax

Seax Wicca n'est pas une affaire de sexe. Il s'agit d'une voie wiccane qui s'inspire des pratiques, des croyances et de l'iconographie païennes anglo-saxonnes. Seax Wicca a été fondée aux États-Unis dans les années 1970 par Raymond Buckland et a été le premier type de Wicca à être pratiqué en Amérique. Le livre de Buckland, *The Tree : Complete Book of Saxon Witchcraft de Buckland* est considéré comme l'écriture suivie par tous les Seax Wiccans. Ils reconnaissent et louent également la Triple Déesse et le Dieu Cornu, mais les appellent respectivement Freya et Woden. La Wicca de Seax est une pratique traditionnellement basée sur un coven, avec des grands prêtres et des prêtresses élus démocratiquement chaque année. Elle peut toutefois être pratiquée en solitaire.

Dianique

La Wicca dianique est une branche féministe de la Wicca qui est en grande partie réservée aux femmes Wiccans. Elle est essentiellement la même que la Wicca gardnerienne et alexandrine, mais elle met davantage l'accent sur la déesse et l'énergie féminine de la terre. La principale divinité qu'ils louent est la déesse romaine Diane la Chasseuse, et ils pratiquent souvent la méditation et la visualisation en tant qu'assemblée, parallèlement à leur travail d'envoûtement. Traditionnellement, seules les femmes pratiquent la Wicca Dianique, mais il existe une ramification de cette voie connue sous le nom de Wicca Dianique McFarland, qui accepte les pratiquants des deux sexes.

Odysséen

Inspirée du poème grec épique *L'Odyssée* d'Homère, cette voie met l'accent sur le fait que la vie d'une personne est un voyage spirituel. La Wicca odysséenne est intéressante parce qu'elle est l'une des seules religions wiccanes à offrir un ministère public. Cela signifie que toute personne qui le souhaite peut assister aux offices, aux rituels et aux formations, même si elle n'est pas initiée à l'art. Cependant, elle ne reconnaît pas l'idée que les gens peuvent pratiquer seuls. L'accent est mis sur la formation, l'initiation et les diplômes. Vous pouvez assister à un service ou à un rituel si vous êtes intéressé, mais vous ne pouvez pas pratiquer sans la formation et l'initiation appropriées.

Un autre aspect intéressant de la pratique est que la Wicca odysséenne est une pratique de polythéisme dévotionnel multi-panthéon. Cela signifie qu'ils croient que tous les dieux et déesses de tous les anciens panthéons et croyances sont réels et existent en tant qu'entités distinctes. Les wiccans odysséens sont encouragés à choisir un petit nombre de divinités auxquelles ils se rattachent et sur lesquelles ils se concentrent dans leur pratique et leurs rituels personnels.

Eclectique

Le mot "éclectique" signifie quelque chose qui s'inspire de diverses sources, et c'est exactement ce qu'est la Wicca éclectique. C'est actuellement la voie wiccane la plus populaire, et ceux qui la pratiquent choisissent les croyances, les rituels et les divinités auxquels ils s'identifient le plus. Certains wiccans éclectiques se regroupent pour former un coven éclectique, mais c'est certainement une pratique qui est la plus populaire parmi les wiccans solitaires.

Autres voies

Parmi les autres voies wiccanes que nous n'avons pas abordées ici, citons : La Wicca verte, la Wicca chamanique, la Wicca afro, la Wicca draconique, la Wicca géorgienne et la Wicca ecclésiastique, pour n'en citer que quelques-unes. Bien entendu, de nouvelles voies sont constamment développées, car de plus en plus de personnes commencent leur voyage dans la Wicca et forgent de nouvelles voies avec d'autres Wiccans. Il est important de se rappeler qu'il n'y a pas de "bonne" ou de "mauvaise" façon de pratiquer la Wicca. La "bonne" façon est celle qui vous met à l'aise.

Couvents et initiations

Pendant la plus grande partie de son histoire, la Wicca a été pratiquée dans des covens, généralement en secret. Un coven est un groupe de sorcières ou de wiccans qui pratiquent ensemble et suivent les mêmes croyances et enseignements. Les sorcières et les wiccans solitaires ont naturellement toujours existé, mais avant que l'information ne soit si largement disponible, le moyen le plus facile de s'informer sur la sorcellerie et la wicca était de s'adresser à des personnes qui pratiquaient déjà l'art. La sorcellerie - ou tout ce qui est perçu comme tel - étant souvent considérée comme un tabou et un mal, il n'était pas toujours facile de rejoindre un groupe. Il fallait d'abord connaître l'existence de la communauté, et il fallait souvent être invité ou accepté par les membres existants sous la forme d'une initiation.

Parfois, vous devrez suivre une formation et des leçons avant d'être initié, afin de vous assurer que vous savez vraiment dans quoi vous vous engagez et quelles sont les croyances et les pratiques du coven. Les rituels d'initiation diffèrent d'un coven à l'autre et, parfois, il faut passer par plusieurs initiations au fur et à mesure que l'on progresse dans la pratique. Un coven choisit souvent un sabbat ou un esbat spécifique comme date d'initiation, en fonction des divinités qu'il loue ou de l'énergie qu'il souhaite canaliser.

Est-il nécessaire d'adhérer à un cercle de sorcières ?

Pour dire les choses simplement, non, ce n'est pas le cas.

De nos jours, la plupart des Wiccans pratiquent de toute façon seuls. Une fois que vous avez identifié les aspects de la Wicca qui vous intéressent, vous êtes prêt à commencer votre pratique. L'important est que vous soyez à l'aise avec ce que vous faites et que vous vous sentiez en sécurité dans l'espace où vous pratiquez. Si vous souhaitez vous initier vous-même, vous pouvez choisir une fête païenne particulière pour commencer votre pratique et une divinité spécifique vers laquelle vous pouvez diriger votre énergie.

Si vous avez d'autres amis wiccans, vous pouvez créer votre propre assemblée éclectique et pratiquer ensemble, à condition que vos croyances et vos intérêts concordent. Vous pouvez aussi vous trouver un "cercle", qui est la version plus décontractée d'un coven. Un cercle est plutôt un groupe de discussion, comme un club de lecture, mais pour la Wicca. Vous pouvez vous réunir avec votre cercle pour discuter des nouvelles choses que vous avez apprises, écrire des sorts ensemble et peut-être même expérimenter un peu de magie si vous vous sentez à l'aise.

Si vous ne connaissez pas d'autres Wiccans mais que vous souhaitez trouver des personnes avec qui pratiquer, il n'est pas aussi difficile que vous le pensez de trouver des covens et des cercles. Vous pouvez assister à des festivals païens ou à des magasins spirituels dans votre région et parler aux organisateurs ; ils pourront peut-être vous orienter vers des groupes de sorcières et de wiccans pratiquants.

Bien entendu, grâce à la magie de la technologie, vous pouvez également trouver un cercle ou un coven en ligne auquel adhérer. De nombreux forums en ligne, sites web et Techno-Wiccans utilisant des plateformes telles que Facebook et YouTube offrent souvent un soutien aux nouveaux Wiccans. Ils organisent parfois des rituels de groupe en ligne, que vous pouvez suivre depuis chez vous.

CHAPITRE 5 : LA ROUE DE L'ANNÉE

Le calendrier païen n'était pas divisé en mois car, à l'époque de sa création, les mois n'existaient pas encore. Leur calendrier avait plutôt la forme d'un cercle ou d'une roue. La roue de l'année est divisée en quatre quarts, un pour chaque saison. Les wiccans s'inspirent de la roue de l'année dans leur pratique et célèbrent les dates clés comme des fêtes religieuses. Le calendrier wiccan peut être divisé en deux groupes de fêtes distincts : les sabbats et les esbats. Les sabbats sont indiqués sur la roue de l'année, mais pas les esbats. Cependant, de nombreux wiccans se réfèrent à une deuxième roue pour suivre les pleines lunes.

Tout au long des quatre saisons, la roue raconte une histoire mythique sur la relation entre la déesse et le dieu ; le dieu, sous la forme du soleil, naît, devient fort et meurt finalement pour renaître à nouveau. Elle suit également les cycles agricoles qui étaient essentiels à la survie de la vie rurale et des communautés. Les Esbats font de même pour suivre le voyage de la lune et de la déesse, entre le croissant, la pleine lune et la lune noire.

Les sabbats

Les sabbats sont des fêtes païennes que tous les Wiccans célèbrent. Ces fêtes suivent le changement des saisons et le voyage du soleil autour de la terre. Elles sont dédiées à la divinité masculine sous la forme du Dieu Soleil. Comme elles sont liées au changement des saisons, les dates auxquelles elles sont célébrées varient selon que l'on se trouve dans l'hémisphère nord ou dans l'hémisphère sud. En fonction de la hauteur du soleil dans le ciel, certains sabbats sont considérés comme plus ou moins importants en raison de la quantité d'énergie qu'il nous apporte. Vous trouverez ci-dessous une liste de tous les sabbats, les dates auxquelles ils sont célébrés dans les deux hémisphères, ainsi qu'un bref aperçu des choses que vous pouvez faire pour célébrer cette fête.

Yule (sabbat mineur)

- C'est aussi le solstice d'hiver.

- Elle tombe du 20 au 23 décembre (au nord) et les mêmes jours en juin (au sud).

- C'est le moment où le soleil atteint le point le plus méridional du ciel. C'est donc le jour le plus court et la nuit la plus longue de l'année.

- Yule est une célébration de la lumière au milieu d'une période d'obscurité, car après cela, les jours deviennent plus longs et plus lumineux.

- C'est le moment de se préparer au renouveau et aux nouveaux départs, et de nombreux wiccans en profitent pour planifier l'année à venir.

- La fête de Yule est en fait le précurseur païen de la fête chrétienne de Noël, et de nombreuses célébrations de Yule sont similaires à celles de Noël. Pendant Yule, vous pouvez utiliser des herbes, des plantes et des parfums de saison dans vos rituels et pour décorer votre autel. Le pin, le lierre, le gui, le houx, la cannelle, le clou de girofle et la noix de muscade en sont quelques exemples.

Imbolc (grand sabbat)

- Ce jour est également connu sous le nom de Brigid's Day ou Candlemas.

- Elle tombe le 2 février ou le 2 août.

- En ce jour, nous célébrons la terre qui commence à se réchauffer. Ce n'est pas encore tout à fait le printemps, mais nous ne sommes plus au cœur de l'hiver.

- Imbolc est une période de nettoyage et de purification de nos espaces et de nos énergies, car nous nous préparons à ce qu'une nouvelle vie vienne peupler la terre.

- C'est une période populaire pour les initiations, qu'il s'agisse d'auto-initiation pour les Wiccans solitaires ou de participation à des covens éclectiques qui n'ont pas nécessairement de jour spécifique pour l'initiation.

- Les fleurs sauvages, les graines de pavot, les graines de tournesol et l'avoine sont des ingrédients que l'on peut utiliser pour les rituels à cette période.

Ostara (Sabbat inférieur)

- On l'appelle aussi l'équinoxe de printemps.

- Elle tombe du 19 au 22 mars ou les mêmes jours en septembre.

- À ce stade, le jour et la nuit sont parfaitement équilibrés et de même durée. C'est donc un bon moment pour pratiquer l'équilibre dans notre vie également.

- Ostara est synonyme de fertilité et de croissance, ainsi que de soins et d'éducation. Cela s'applique aux animaux et à la nature, ainsi qu'à nous-mêmes. C'est un bon moment pour faire le point sur vos progrès et réfléchir aux pratiques auxquelles vous n'auriez pas accordé suffisamment d'attention.

- La déesse Ostara est souvent représentée sous la forme d'un lièvre, et cette période est consacrée à la célébration de la fertilité des animaux de ferme, de sorte que les images d'œufs, d'agneaux et de lapins sont extrêmement populaires (comme à Pâques).

- Parmi les herbes, les plantes et les parfums qui seront bénéfiques pour les rituels à cette période, citons le citron, les lys, les fraises, la rose et la lavande.

Beltane (grand Sabbat)

- Cette journée est également connue sous le nom de "May Day".

- Elle tombe le 30 avril et le 1er mai ou les mêmes jours en octobre et novembre.

- Beltane a lieu au plus fort du printemps et est consacré à la fertilité, à la sexualité et à la passion.

- Il s'agit d'une fête particulièrement païenne, et de nombreuses cultures non wiccanes célèbrent le 1er mai en dansant autour d'un mât de mai, considéré comme un symbole phallique.

- Beltane célèbre la fertilité et la sexualité des hommes et l'amour qui les réunit, mais aussi la fertilité de la terre et les dons qu'elle nous offre. C'est pourquoi vous pouvez utiliser toutes les fleurs et feuilles de saison auxquelles vous avez accès dans vos rituels et sur votre autel.

- D'autres ingrédients populaires sont la vanille, le paprika, le jasmin et l'avoine.

Litha (sabbat mineur)

- Ce jour est également célébré comme la Saint-Jean ou le solstice d'été.
- Elle tombe du 20 au 24 juin ou les mêmes jours en décembre.
- Comme elle marque le début de l'été, Litha a lieu le jour le plus long et la nuit la plus courte de l'année. Ce jour-là, nous célébrons l'apogée de la lumière avant le retour à l'obscurité dans les mois à venir.
- Litha se situe juste avant la récolte des cultures.
- Le soleil étant à son apogée, cela signifie aussi qu'il a l'énergie la plus forte à ce moment-là, alors effectuez tous les rituels qui nécessitent beaucoup d'énergie, comme le travail sur les rêves.
- Litha est une période idéale pour travailler avec les fae, car ils seront également dehors et profiteront du soleil !
- Pour l'autel et les rituels, vous pouvez utiliser des agrumes, de la sauge, du paprika et du miel.

Lammas

- On l'appelle aussi Lughnasadh.

- Il tombe le 1er août ou le même jour en février.

- Il s'agit d'une célébration de la récolte et de tous les dons que la terre nous a offerts.

- Le Lammas est le moment idéal pour fabriquer son propre balai avec les restes de maïs, de roseau ou de blé de la récolte.

- Le pain et la pâtisserie sont des éléments essentiels de la célébration de la récolte, car ils permettent de remercier la nature pour sa générosité.

- Dans la mesure du possible, essayez d'utiliser des produits locaux, tant pour vos repas quotidiens que pour vos rituels et votre travail d'envoûtement pendant cette période.

Mabon

- Cela se produit à l'équinoxe d'automne.

- Elle tombe du 21 au 24 septembre ou les mêmes jours en mars.

- Pendant Mabon, le jour et la nuit sont à nouveau égaux, et après cela, nous commençons à perdre la lumière. Nous profitons de cette période pour remercier l'été et le soleil pour l'énergie et les produits qu'ils nous ont fournis.

- C'est le bon moment pour régler les derniers détails à l'approche de l'hiver et de la fin de la saison des récoltes. Les sorts populaires pendant Mabon seront des sorts de nettoyage et de préparation pour votre maison ou votre espace personnel.

- Pour votre autel et vos rituels, essayez d'utiliser les feuilles, les pins et les glands qui tombent naturellement des arbres en automne.

Samhain

- On parle aussi parfois d'Halloween.
- Il tombe le 31 octobre et le 1er novembre ou le 30 avril et le 1er mai.
- Il s'agit du dernier sabbat sur la roue de l'année et d'un moment de célébration avant l'arrivée de l'hiver.
- Pendant Samhain, le voile entre le royaume des vivants et celui des morts est le plus fin, c'est donc le bon moment pour pratiquer des sorts qui visent à contacter les morts.
- C'est l'occasion de célébrer les êtres chers qui nous ont quittés et de reconnaître qu'il n'y a pas de vie sans mort, tout comme il n'y a pas de lumière sans obscurité.
- Samhain est également une bonne période pour pratiquer la divination.
- Les aliments les plus populaires à cette époque sont le maïs, les pommes et la citrouille. Dans vos rituels, vous pouvez utiliser du romarin, de la menthe, de la cannelle et de l'ail.

Les Esbats

Les Esbats sont célébrés environ tous les 29 ou 30 jours, à l'occasion de la pleine lune de chaque mois. Il y a 12 Esbats, un pour chaque mois. Tout comme les

Sabbats louent l'énergie du soleil et la divinité masculine, les Esbats font de même pour la lune et le féminin. Les noms de ces lunes varient en fonction de la voie wiccane que vous suivez, et elles ont toutes plusieurs noms, alors ne soyez pas surpris si vous les voyez désignées par d'autres noms dans d'autres sources. En réalité, connaître le nom de la lune n'est pas aussi important que de savoir ce qu'elle représente et comment la célébrer.

Janvier

- La lune froide

- L'accent est mis sur la promotion de l'individualité et la création d'une pratique wiccane unique.

- Prêtez attention à la communication et utilisez votre travail d'envoûtement pour encourager une meilleure communication avec vous-même, vos divinités et les personnes que vous rencontrez au quotidien.

Février

- La lune qui s'accélère

- C'est le moment de se projeter dans l'avenir et de faire des projets.

- La lune de février favorise la divination et le recours au côté spirituel de la vie pour trouver des signes.

Mars

- La lune de tempête

- Concentrez-vous sur votre tempérament pendant cette lune, et pratiquez la patience dans vos rituels et votre travail d'envoûtement.

- Profitez de cette période pour réconcilier les liens endommagés dans votre vie personnelle et peut-être présenter des excuses à quelqu'un que vous avez lésé.

Avril

- La lune du vent

- L'énergie de la lune d'avril vous aidera à manifester vos objectifs, la méditation et la visualisation seront donc efficaces ce mois-ci.

- C'est également un bon moment pour se concentrer sur le courage et toute preuve d'entêtement qui pourrait vous empêcher d'atteindre vos objectifs.

Mai

- La lune des fleurs

- Utilisez votre travail d'envoûtement et vos rituels pour vous concentrer sur votre potentiel et encourager votre croissance. Il peut s'agir d'une compétence particulière ou de tout élément de votre personnalité qui manque de maturité.

- La lune du mois de mai favorisera également la fertilité.

Juin

- Le soleil et la lune

- Examinez les domaines dans lesquels un changement, quel qu'il soit, est nécessaire dans votre vie et orientez votre énergie dans ce sens.

- Le mois de juin est celui de la transformation sous toutes ses formes ; vous devez manifester ou bannir, augmenter ou diminuer.

Juillet

- La lune de bénédiction

- Si vous avez des projets en suspens, le mois de juillet est l'occasion de les mettre en œuvre.

- Utilisez votre travail d'envoûtement et vos rituels pour favoriser la productivité au cours des prochains mois d'hiver.

Août

- La lune de maïs

- C'est le moment de nettoyer et d'assainir, à la fois votre énergie personnelle et votre espace physique.

- Préparez-vous à une période de solitude et encouragez une approche paisible des mois les plus froids.

Septembre

- La lune des moissons

- Concentrez-vous sur la construction de fondations solides dans vos relations avec tous ceux qui font partie de votre vie (y compris votre relation avec vous-même).

- C'est l'occasion de promouvoir l'amour sous toutes ses formes.

Octobre

- La lune de sang

- Encouragez l'équilibre et la justice dans vos rituels et votre travail d'envoûtement, et concentrez-vous sur les éléments de votre vie qui semblent être déséquilibrés.

- La lune d'octobre renforcera les pratiques divinatoires et facilitera la communication avec le monde des esprits.

Novembre

- La lune en deuil

- Libérez les émotions qui vous empêchent d'atteindre vos objectifs personnels ou de donner le meilleur de vous-même.

- Bannissez toute énergie négative qui s'empare de votre esprit ou de votre espace.

Décembre

- La longue lune de nuit

- Préparez-vous pour l'année à venir et concentrez-vous sur l'équilibre entre votre vie intérieure et extérieure.

- Soyez prêts à ce que des vérités extérieures soient mises en lumière, alors que d'autres se préparent également pour l'année à venir.

Note sur le soleil et la lune

Le Soleil et la Lune sont des figures de proue de la Wicca. Ils sont évidemment considérés comme des représentants du Dieu et de la Déesse, mais si vous choisissez de ne pas aligner votre pratique wiccane sur l'existence de ces divinités, il y a tout de même des avantages à observer les sabbats et les esbats. D'un point de vue purement physique, le soleil et la lune ont un effet essentiel sur le fonctionnement de notre terre, et la reconnaissance des pouvoirs naturels de l'univers est au cœur de toute religion wiccane ou païenne.

En outre, il n'est jamais mauvais de marquer des dates spécifiques dans votre calendrier pour les observer en tant que jours fériés. Les sabbats wiccans sont l'occasion de faire la fête, quelle qu'en soit la nature. Vous pouvez organiser une grande fête avec de la musique et des gâteaux, ou simplement prendre le temps d'allumer une bougie et de réfléchir au chemin parcouru jusqu'à présent.

Les Esbats ne sont pas considérés comme des jours fériés, mais servent plutôt de repères pour guider votre pratique. Au fur et à mesure que vous progresserez dans votre voyage wiccan, vous apprendrez comment chaque lune différente affectera votre pratique. En attendant, vous pouvez consulter notre liste si vous êtes à la recherche d'inspiration ou d'une simple suggestion sur le type de magie à privilégier.

Alors que vous êtes encore en train de trouver votre propre voie et de pratiquer en tant que Wiccan débutant, essayez de ne pas trop vous attarder sur le nom de chaque lune ou sur les façons spécifiques de célébrer chaque sabbat. Utilisez simplement la roue de l'année et le voyage de la lune pour vous aider à structurer votre pratique.

CHAPITRE 6 : PRATIQUER LA WICCA

La magie rituelle wiccane se présente sous diverses formes, y compris, mais sans s'y limiter, l'incantation, la divination, la fabrication de potions et la magie mentale telle que la télépathie. Le chapitre 7 de ce livre vous présentera les bases de la magie wiccane, ainsi que quelques sorts pour débutants que vous pourrez essayer. Cependant, avant de nous y rendre, il est important d'avoir une compréhension de base des outils que vous pourriez avoir besoin d'avoir à portée de main.

Outils

La liste ci-dessous peut sembler bien longue avant de commencer votre propre voyage, mais il est utile de savoir ce que vous pourriez vouloir incorporer dans votre propre pratique. Ces outils sont tous traditionnels et utiles à la magie wiccane, mais ils ne sont pas tous nécessaires. En outre, il suffit d'acheter une nouvelle tasse ou de ramasser un bâton dans son jardin pour mettre la main sur certains de ces outils.

Décomposons les choses et commençons par examiner les principaux outils.

Athame

L'athamé est une épée ou un couteau rituel, mais il ne sert jamais à couper quoi que ce soit. L'athamé sert à diriger l'énergie dans les rituels, par exemple en lançant un cercle ou en coupant quelque chose de manière métaphorique si vous lancez un sort pour couper un lien ou libérer quelque chose. Il possède généralement un manche noir et une inscription sur la lame (qui peut être émoussée). Il peut être en bois, en pierre, en cristal ou en métal, et vous pouvez le décorer comme vous le souhaitez. Il est souvent suggéré de garder un couteau séparé sur l'autel pour couper les herbes et les cordes.

Baguette

Si vous n'êtes pas à l'aise avec l'utilisation d'un athamé lors de vos cérémonies, une baguette remplit la même fonction. Généralement fabriquée en bois ou en pierre, elle a la forme d'un cylindre effilé plus large à l'extrémité que vous tenez, et peut également être décorée et inscrite. Le choix entre une baguette et un athamé est généralement une question de préférence personnelle. Cependant, si vous choisissez de travailler avec des fae dans le cadre de votre métier, il est préférable d'utiliser une baguette.

Calice

Un calice est une coupe qui est utilisée spécifiquement sur votre autel et uniquement pour les cérémonies wiccanes. Il peut s'agir d'un gobelet orné et coûteux ou d'une simple tasse achetée dans un magasin d'occasion. L'important est qu'elle n'ait jamais été utilisée pour autre chose que des cérémonies wiccanes. Le contenu du calice - le plus souvent du vin ou de l'eau - est généralement utilisé comme offrande symbolique aux divinités.

Chaudron

Pot utilisé pour contenir et brûler des éléments tels que de l'eau, des huiles, des papiers et des herbes. Il est généralement en fonte et repose sur trois pieds, ce qui permet de placer une source de chaleur en dessous. Cependant, n'importe quel pot ou récipient peut être utilisé, à condition qu'il soit capable de résister à la chaleur. Il est très important que votre chaudron soit soigneusement nettoyé après les cérémonies, les sorts et les rituels afin d'éviter de contaminer votre prochain rituel.

Balai

Non, les balais ne sont pas utilisés par les wiccans - ni par les sorcières d'ailleurs - comme moyen de transport volant. Un balai est utilisé pour balayer l'énergie négative et indésirable d'un espace avant de lancer un cercle. Vous pouvez fabriquer votre propre balai avec du bois, des brindilles et de la corde, ou en acheter un. Si vous en achetez un, veillez à ce qu'il soit composé uniquement de matériaux organiques, car les matériaux synthétiques, tels que la colle et le plastique, peuvent entraver la circulation de l'énergie.

Bougies

Les bougies sont utilisées pour une grande variété de choses dans la pratique wiccane. Elles peuvent être utilisées pour représenter l'élément du feu, pour représenter l'énergie d'une couleur spécifique, ou simplement comme source de chaleur.

De nombreux wiccans choisissent de placer deux bougies spécifiques pour représenter les énergies masculine et féminine. Ces bougies sont placées respectivement à gauche et à droite de l'autel et sont généralement de couleur sombre (bleu, gris ou rouge) pour l'énergie masculine et de couleur plus claire (or, blanc ou rose) pour l'énergie féminine.

Outils de divination

Si vous pratiquez la divination, il est utile de conserver vos outils près de votre autel. Il peut s'agir de cartes de tarot, de tasses à thé et de feuilles, de runes, d'une boule de cristal ou d'un miroir de voyance. La divination est un aspect de la Wicca que tous les Wiccans ne pratiquent pas, mais qui gagne en popularité.

Autres

En réalité, vous pouvez aménager votre autel de manière à ce qu'il contienne tous les outils et éléments clés que vous utilisez dans votre pratique. Certains éléments, comme l'eau et le sel, n'ont pas nécessairement besoin d'être conservés sur l'autel, mais il est plus pratique de les y placer.

Vous pouvez également garder sur votre autel des cristaux, de la sauge, de l'encens, des cloches, un pentagramme, des herbes, des statues, un stylo et du papier, des huiles essentielles et votre Livre des ombres.

Le livre des ombres

Un Livre des Ombres est un livre wiccan écrit à la main qui contient des textes religieux, des instructions pour les rituels, des informations sur les croyances et les valeurs, ainsi que des sorts à pratiquer. Dans une communauté, il y aura un Livre des Ombres collectif auquel tous les membres se référeront. Les membres d'un coven rédigent parfois leur propre exemplaire pour s'y référer personnellement, mais leur propre exemplaire ne diffère en rien de celui approuvé par les fondateurs, le grand prêtre ou la grande prêtresse. Un Livre des Ombres collectif qui est transmis dans les covens et les familles est parfois aussi appelé un Grimoire.

Dans la Wicca éclectique et solitaire, le Livre des Ombres est beaucoup plus personnel et ressemble parfois plus à un journal qu'à un texte sacré. Vous pouvez utiliser votre Livre des Ombres pour rassembler les connaissances magiques que vous rencontrez, des informations sur les propriétés de certaines herbes et plantes, les sorts que vous apprenez ou sur lesquels vous travaillez, et bien d'autres choses encore. Pour les Wiccans éclectiques et solitaires, un Livre des Ombres est considéré comme quelque chose d'extrêmement personnel, et il n'y a pas beaucoup de règles quand il s'agit de faire le sien. Une bonne façon de commencer votre Livre serait d'écrire un sort de protection et le code moral wiccan - ou tout autre code moral - sur les premières pages. Ensuite, vous pouvez remplir le reste avec vos propres écrits et recherches, ainsi qu'avec quelques dessins. Vous n'avez pas besoin de le remplir en une seule fois ; tout comme un journal, vous pouvez ajouter des informations à votre Livre des Ombres au fur et à mesure que vous apprenez et évoluez dans votre art. Vous devriez conserver votre Livre des Ombres sur votre autel avec vos autres outils wiccans, principalement pour des raisons de commodité. Vous pouvez évidemment emporter votre Livre des Ombres avec vous - encore une fois, il s'agit d'un objet personnel - mais en le gardant près de votre autel, vous n'oublierez jamais où il se trouve !

Autels et cercles

Nous ne cessons de répéter "sur votre autel", mais qu'est-ce que cela signifie exactement ? Il s'agit d'une surface considérée comme sacrée et utilisée uniquement pour les rituels et les objets wiccans. Il peut s'agir d'une grande table, d'une petite étagère murale, ou même d'une surface délimitée sur le sol ou d'une étagère à l'intérieur d'un placard. Un autel est utilisé pour toutes les formes de magick et de réflexion wiccanes, et tout comme le Livre des Ombres, il s'agit d'un aspect très personnel de votre pratique. Vous pouvez installer et décorer votre autel comme bon vous semble, en utilisant les outils que nous venons de voir et d'autres images et symboles que vous jugez pertinents. Un autel peut être une installation permanente, toujours en place, ou vous pouvez créer un autel temporaire lorsque vous en avez besoin.

Un cercle, contrairement à un autel, n'est pas quelque chose que l'on met en place en permanence. Lancer un cercle est généralement la première étape de tout rituel wiccan, et cela inclut l'établissement d'un périmètre d'énergie autour de vous avant de poursuivre le rituel. Nous reviendrons plus en détail sur ce sujet dans le prochain chapitre, mais il s'agit d'une introduction générale : Le cercle aide à concentrer votre énergie wiccane et à la diriger vers la tâche à accomplir. Il éloigne également toute énergie négative ou indésirable de vous pendant que vous travaillez. Vous pouvez délimiter le cercle avec du sel, de la craie, des pierres, des bougies, des herbes ou des cristaux, et dès que vous le tracez et jusqu'à ce que vous le refermiez à la fin de votre rituel, il est considéré comme un espace sacré. Votre cercle sera généralement lancé devant et autour de votre autel, puisque ces deux espaces sont utilisés dans le cadre des rituels et de la magie.

CHAPITRE 7 : FABRIQUER DE LA MAGIE

La magie est essentiellement la capacité de manipuler le monde physique qui vous entoure, généralement par le biais d'actions rituelles. Le terme "physique" peut prêter à confusion, car la magie peut parfois produire des résultats abstraits, tels qu'un changement de sentiments. Cependant, ces changements métaphoriques affecteront le monde physique et ceux d'entre nous qui l'habitent, c'est pourquoi ce mot est utilisé ici. Pour effectuer ces manipulations, nous devons faire appel à notre volonté, comme nous l'avons vu au chapitre 2. Se concentrer sur notre volonté et la diriger pour manipuler le monde physique requiert une quantité importante d'énergie.

Avant de passer à l'étape suivante et d'essayer un sort, il est important de comprendre certains principes et techniques de base.

Principes de base

L'énergie

La chose la plus importante à savoir est que l'énergie que vous utilisez n'est pas votre propre énergie. En outre, cette énergie est neutre ; elle n'est ni positive ni négative. Votre volonté et la façon dont vous choisissez de diriger cette énergie neutre affecteront le résultat de la transformation souhaitée.

L'énergie existe tout autour de nous, dans toutes les choses et dans toutes les personnes. Cette énergie est l'énergie divine dont nous avons parlé plus haut dans ce livre et qui est donnée à la terre par les divinités. Pour accéder à cette énergie divine, il faut une certaine force mentale. Tout comme la force physique, vous devez l'exercer et l'entraîner. Vous devez également vous échauffer afin d'éviter toute tension mentale, ce qui signifie que vous ne pouvez pas vous lancer directement dans un rituel ou un sort.

Mise à la terre

Avant d'entamer un rituel, de nombreux wiccans commencent par pratiquer ce que l'on appelle la "mise à la terre". Il y a deux aspects à cela : le premier consiste à se débarrasser de l'énergie négative ou indésirable, et le second à se mettre en phase avec son environnement pour accéder à l'énergie divine qui l'entoure. La façon dont vous choisissez de vous débarrasser de votre énergie négative est entièrement personnelle. Vous pouvez la secouer physiquement, faire du yoga ou de l'exercice physique, ou encore vous adonner à la méditation ou à des exercices de pleine conscience. Même le simple fait de prendre une douche ou de manger quelque chose peut vous aider à vous sentir enraciné. Si vous vous sentez fatigué ou si vous manquez d'énergie personnelle, l'ancrage vous aidera à mieux accéder à l'énergie de la terre et à la diriger de manière appropriée.

Blindage

Une fois que vous vous sentez enraciné, vous devez diriger votre énergie correctement. Sinon, vous risquez d'envoyer votre énergie dans tous les sens. Pour diriger cette énergie, vous devez mettre en place des limites, ce que l'on appelle également l'acte de blindage.

Le "bouclier" consiste à créer une barrière autour de vous pendant que vous pratiquez la magick rituelle, ce qui vous aide à contrôler les énergies qui influencent votre pratique. Cette barrière peut être métaphorique (en créant un bouclier mental contre les influences négatives) ou physique. C'est là qu'intervient l'acte de lancer un cercle. Pour vous rafraîchir la mémoire, les Wiccans forment un cercle autour d'eux-mêmes et de leurs autels, comme première étape de tout rituel magique. Le cercle peut être entièrement dessiné sur le sol à l'aide de sel ou de craie, ou vous pouvez simplement marquer les quatre directions cardinales - également appelées quartiers - avec des objets tels que des cristaux ou des bougies. Il est important de délimiter les quatre quartiers, car chaque direction correspond à un élément spécifique : l'est pour l'air, le sud pour le feu, l'ouest pour l'eau et le nord pour la terre.

Une fois que vous avez tracé votre cercle, vous devez "invoquer" ou "appeler" les quartiers à l'action, afin d'activer leurs qualités protectrices et créatives. Vous pouvez choisir de le faire en marchant autour du cercle et en vous arrêtant à côté de chaque quartier, en pointant les quartiers avec votre athamé ou votre baguette, ou en effectuant un mini-rituel à chaque quartier à l'aide d'un outil correspondant à l'élément approprié. Une fois que vous avez appelé les quartiers à l'action, vous pouvez également invoquer les divinités et les inviter à se joindre à votre rituel pour vous soutenir ou assister à vos offrandes. Pour ce faire, il suffit d'utiliser des mots - poésie ou vers - prononcés à voix haute.

Là encore, la façon dont vous choisissez de vous protéger est une question de préférence personnelle et dépend également des objets et de l'espace dont vous disposez.

Visualisation

Enfin, la visualisation est une technique que les Wiccans utilisent souvent pour soutenir la direction et le flux de leur énergie.

L'idée est que vous devez transformer vos pensées de mots en images, car les images ont généralement plus d'impact et donnent plus de puissance à votre énergie. Si vous pensez à l'aspect visuel d'une chose - plutôt qu'à son nom - vous aurez une idée plus claire de ce que vous visez. Penser à l'aspect de la mer est plus efficace pour votre mémoire que de penser simplement au mot "mer". Visualiser votre plante en train de pousser est plus efficace pour votre sort de croissance.

Pour renforcer vos capacités de visualisation, il vous suffit de vous entraîner à penser en images. Voici un exemple d'exercice que vous pouvez réaliser pour entraîner votre cerveau.

Tenez quelque chose devant vous, comme un porte-clés ou ce livre, et regardez-le attentivement. Sentez-le aussi. Examinez les couleurs, les textures, la sensation dans vos mains, l'odeur, et prenez tous les détails possibles. Maintenant, posez-le, fermez les yeux et essayez de vous souvenir de ces détails. Essayez de recréer l'objet dans votre mémoire, depuis sa forme et sa couleur jusqu'à son poids et son odeur. Lorsque les détails s'effacent de votre mémoire, ouvrez les yeux et regardez à nouveau l'objet. Dans quelle mesure l'avez-vous recréé ?

Répétez cet exercice avec cet objet jusqu'à ce que vous ayez confiance en votre capacité à le visualiser, puis passez à un autre objet. Si vous êtes très confiant, vous pouvez essayer de mémoriser et de visualiser plusieurs objets à la fois. Ensuite, vous pouvez le faire avec une pièce entière, une personne ou un animal.

Exemples de sorts

Maintenant que vous avez bien compris les principes, les croyances et les pratiques de la Wicca, il est peut-être temps pour vous de vous essayer à la magie.

Rappelez-vous qu'il n'est pas nécessaire de pratiquer la magie et la sorcellerie pour pratiquer la Wicca ; vous pouvez simplement appliquer les principes religieux et moraux clés à votre vie quotidienne. Si vous souhaitez vous essayer à la magie, voici trois sorts faciles à réaliser.

Ces sorts et rituels peuvent tous être pratiqués par vous-même et dans votre propre espace, et ils nécessitent des outils et des ingrédients minimaux ou faciles d'accès.

Un rituel de purification

Ce rituel est idéal pour commencer. Non seulement il est facile à réaliser avec un minimum d'outils et d'ingrédients, mais il permet également de purifier un nouvel espace qui n'a pas encore été utilisé pour la sorcellerie. Il est préférable d'effectuer ce rituel la nuit d'une nouvelle lune, car c'est le moment idéal pour marquer de nouveaux départs et préparer les pratiques et les projets futurs.

Pour ce rituel de purification, tout ce dont vous avez besoin est :

- l'eau
- sel de mer
- un plat/une soucoupe
- une cuillère à café
- encens de votre choix

Remplissez votre soucoupe d'eau. Plongez l'index de votre main dominante dans l'eau et laissez-le là. Pendant que l'extrémité de votre doigt est immergée dans l'eau, visualisez un faisceau de lumière vive qui part du sommet de votre tête, traverse votre corps et pénètre dans l'eau. Tout en vous concentrant sur la direction de cette lumière dans l'eau, récitez les mots suivants :

C'est ici que je dirige mon pouvoir, par l'intermédiaire des agences du Dieu et de la Déesse,

Dans cette eau, pour qu'elle soit pure et propre comme l'est mon amour pour le Seigneur et la Dame.

Retirez votre doigt de la coupelle. Versez une cuillère à café de sel marin dans le plat et, en utilisant le même doigt que précédemment, remuez-le neuf fois dans le sens des aiguilles d'une montre. Tout en remuant, récitez trois fois ce qui suit :

Le sel, c'est la vie. Ici, c'est la vie. Sacrée et nouvelle ; sans conflit.

Trempez maintenant tous vos doigts dans l'eau purifiée et aspergez-en tous les coins de votre chambre ou de l'espace dans lequel vous vous entraînez. Ces coins comprennent les coins à l'intérieur des armoires et sur les étagères, et pas seulement les coins créés par les murs. Pendant que vous aspergez, récitez le chant suivant. Vous pouvez également écrire votre propre variation sur ce chant, si vous le souhaitez.

Chaque fois que je passe par les chemins, je ressens la présence des Dieux. Je sais que, dans tout ce que je fais, ils sont avec moi, qu'ils demeurent en moi et que je demeure en eux pour toujours.

Aucun mal n'est à craindre, car c'est la pureté qui habite en moi et autour de moi. Je m'efforce de faire le bien et je vis pour le bien. L'amour en toutes choses.

Qu'il en soit ainsi à jamais.

Enfin, brûlez de l'encens et dirigez-le à nouveau vers tous les coins. Cet encens peut être un parfum de votre choix, par exemple un parfum qui vous apaise ou qui est en rapport avec le sabbat à venir. Tout en répandant l'encens, répétez l'un des charmes précédents (ou écrivez le vôtre). Une fois ce rituel terminé, et tous les autres que vous prévoyez d'accomplir, jetez l'eau purifiée dans une plante ou à l'extérieur.

Un sort de bénédiction de l'espace

Ce sort n'est pas très différent du premier en termes d'intention, mais il est légèrement plus complexe et va au-delà d'un espace confiné. L'intention de ce rituel est de bénir un espace - comme une pièce ou une maison entière - et de favoriser la croissance de l'énergie positive à l'intérieur des murs. Ce rituel nécessite un peu plus d'ingrédients, mais ils sont tous faciles d'accès. Les ingrédients sont les suivants :

- fenouil
- basilic
- huile de menthe poivrée
- sel noir (ou un mélange de charbon et de sel)
- sage
- l'eau
- une source de feu (bougie, briquet ou allumette)
- une bougie chauffe-plat
- votre calice
- un plat résistant à la chaleur

Commencez par placer la bougie chauffe-plat sur ou dans votre plat, mais ne l'allumez pas encore. Placez ensuite une branche de fenouil, une feuille de basilic, un filet d'huile de menthe poivrée et un peu de sel noir sur la bougie chauffe-plat pour l'oindre. Soulevez votre plat et portez-le à l'entrée de votre maison (ou de votre chambre). Allumez la bougie chauffe-plat et récitez :

Cette maison est bonne, mais pas son passé, nettoyez cette pièce, laissez le bonheur durer.

Posez ensuite le plat sur une surface de la pièce et frappez deux fois dans vos mains. Le fait de frapper dans les mains permet de se débarrasser des vibrations négatives qui persistent dans l'espace. Répétez cette séquence de chants et de battements de mains dans chaque pièce que vous souhaitez bénir. Lorsque vous avez terminé, retournez à votre autel et déposez le plat. N'éteignez pas la bougie chauffe-plat, mais laissez-la sur l'autel pour qu'elle se consume. Pendant qu'elle se consume, vous pouvez fixer la flamme et visualiser la négativité qui se consume en même temps qu'elle.

Allumez votre sauge et retournez à l'entrée. Faites le tour de la maison et entrez dans chaque pièce où vous êtes entré précédemment. Pendant que la sauge brûle, récitez :

Par les pouvoirs du Feu et de l'Air, je nettoie cette maison.

Enfin, remplissez votre calice d'un mélange d'eau et de sel. Retournez à l'entrée et, comme pour le premier sort, aspergez l'eau dans les coins de votre espace. Pendant que vous aspergez, récitez :

Par les pouvoirs de la Terre et de l'Eau, je nettoie cette maison.

Enfin, retournez à votre autel et récitez quelque chose du genre :

Je remercie les éléments de bénir cette maison, afin qu'il en soit ainsi.

Comme auparavant, veillez à jeter votre eau dans une plante, un jardin, une rivière ou tout autre espace extérieur.

Une breloque pour l'argent

Si vous avez essayé les sorts ci-dessus et que vous vous sentez à l'aise pour passer à quelque chose de plus complexe, essayez ce charme d'argent. Pour être clair, l'exécution de ce rituel ne signifie pas que vous recevrez automatiquement une somme d'argent inimaginable. Cependant, il favorisera la prospérité et l'abondance, ce qui encouragera les gains financiers.

Pour cette breloque, vous aurez besoin de

- une bougie verte
- huile de prospérité (les détails suivront le rituel)
- une source de feu
- encens patchouli
- quelque chose qui représente de l'argent
- Vous aurez également besoin d'un objet pour imprégner cette énergie. Il peut s'agir d'un pendentif porté autour d'une chaîne, d'un cristal ou de quelque chose de plus spécifique, comme une pince à billets ou une pièce de monnaie.
- Pour oindre une amulette, il faut de la menthe séchée, du patchouli et de l'aventurine verte.

Oignez votre bougie avec de l'huile de prospérité, puis allumez-la ainsi que l'encens avec la même flamme. Placez un objet symbolique de l'argent sur votre autel. Il peut s'agir d'une pièce de monnaie, d'un billet de banque, d'une carte bancaire ou d'une image représentant l'un de ces éléments.

Oignez votre objet avec de l'huile de prospérité. Si vous choisissez de porter votre objet en pendentif, passez-y une chaîne en argent ou une corde noire. Si votre objet prend la forme d'une amulette, placez-le dans un sac vert avec la menthe, le patchouli et l'aventurine.

Passez votre objet à travers la fumée de l'encens et de la bougie, et récitez : *Laissez l'abondance venir à moi, laissez mes rêves couler. Permettez-moi de donner plus que je ne reçois. Qu'il en soit ainsi.*

Prenez le temps de visualiser l'énergie divine traversant la fumée et pénétrant dans votre objet. Remerciez vos divinités si vous les avez invoquées au début de votre travail rituel.

Huile de prospérité

Si vous souhaitez créer votre propre huile de prospérité, c'est très simple. Tout ce dont vous avez besoin, c'est

- une huile de base telle que l'huile d'olive, l'huile de pépins de raisin ou l'huile végétale
- une huile essentielle comme la menthe poivrée ou le patchouli
- menthe séchée
- patchouli séché
- bâton de cannelle
- piment de la Jamaïque (entier)
- une bouteille en verre qui peut être fermée

Versez les huiles et les herbes dans une bouteille, bouchez-la et secouez-la. Placez le flacon à l'extérieur ou près d'une fenêtre la nuit pour qu'il se charge sous l'effet de la lune. Secouez la bouteille chaque fois que vous l'utilisez pour vous assurer que tous les éléments sont correctement combinés.

CONCLUSION

Bravo ! Vous devriez maintenant avoir une bonne connaissance des principes et des pratiques wiccanes. Des origines de la religion aux moyens de s'essayer à la magie, nous avons couvert beaucoup de terrain. Sérieusement, nous avons couvert beaucoup de choses, alors prenez le temps de vous féliciter d'être arrivé jusqu'ici. Ce n'est peut-être que le début de votre voyage en tant que Wiccan, mais c'est un bon début. Vous avez acquis suffisamment d'informations et de connaissances pour démarrer votre voyage vers une toute nouvelle foi.

Bravo à vous.

Quelques points à retenir

Si vous avez abordé ce livre en aveugle, il est compréhensible que vous vous sentiez un peu dépassé. Voici quelques conseils à suivre et à garder à l'esprit si vous vous sentez dans ce cas :

- Prenez votre temps. Vous n'avez pas besoin de vous lancer directement dans des pratiques et des rituels quotidiens et compliqués. Commencez par intégrer de simples principes moraux wiccans dans vos actions quotidiennes ou par reconnaître les sabbats et les esbats lorsqu'ils se produisent. Peut-être même incorporerez-vous les ingrédients appropriés dans vos repas le jour des fêtes païennes.

- En savoir plus. Renseignez-vous sur la tradition et l'histoire des divinités vers lesquelles vous vous sentez attiré. Renseignez-vous sur les propriétés des différentes herbes, pierres, etc. Décidez si vous voulez vous aligner sur une voie wiccane spécifique ou si vous voulez créer votre propre pratique éclectique.

- Commencez votre Livre des Ombres et emportez-le avec vous. Si vous avez du temps libre, vous pouvez relire les notes que vous avez déjà prises, écrire de nouveaux sorts et chants pour vous familiariser avec la langue, ou faire des listes de choses sur lesquelles vous voulez vous concentrer dans les jours à venir.

- La Wicca est un parcours personnel. Vous pouvez la façonner et la modeler en fonction de vos préférences personnelles. Après tout, c'est ce que Gerald Gardner a fait lorsqu'il a créé la Wicca dans les années 1950 et ce que beaucoup d'autres Wiccans ont fait après lui. Si quelque chose ne vous convient pas ou ne vous met pas à l'aise, vous n'êtes pas obligé de le faire.

- La Wicca n'est pas une affaire ponctuelle. Vous pouvez commencer et arrêter au fur et à mesure que vous avancez dans votre voyage. Vous pouvez commencer à suivre certaines règles et certains principes et changer votre façon de pratiquer au fur et à mesure que vous en apprenez davantage. Vous pouvez pratiquer la Wicca parallèlement à d'autres religions et pratiques quotidiennes si vous le souhaitez.

- Rappelez-vous la règle wiccane : "Ne faites de mal à personne, faites ce que vous voulez". Si vous avez besoin de vous ressourcer ou de redécouvrir les racines de la Wicca, retournez au chapitre 2 de ce livre et revoyez-le pour vous rappeler pourquoi vous vous alignez sur la Wicca en premier lieu et quelles sont les croyances que vous aimeriez adopter.

Alors, quelle est la prochaine étape ?

Une bonne question dont la réponse est simple : Il suffit de continuer à s'entraîner.

Cependant, si vous souhaitez une réponse plus précise, nous vous suggérons de prendre le temps de consolider les aspects clés de vos croyances et de la voie que vous souhaitez suivre. Vous pouvez choisir de suivre les pratiques spécifiques d'une voie wiccane établie ou simplement décider des éléments que vous souhaitez incorporer dans votre pratique. Encore une fois, il ne s'agit pas de quelque chose de figé, votre pratique peut changer - et changera probablement - au fur et à mesure que vous apprendrez et évoluerez. Cependant, il serait bon d'identifier quelques croyances de départ, car cela vous aidera à vous orienter.

Ensuite, vous pouvez vous essayer à un travail d'envoûtement plus complexe. Si vous cherchez mon nom sur Amazon (Sarah Rhodes), j'ai des livres spécifiquement dédiés à l'envoûtement que vous pouvez acheter ! Vous pouvez aussi essayer la divination ou travailler avec des cristaux et des pierres. Une fois que vous vous sentez à l'aise avec la sorcellerie et les rituels magiques, vous pouvez passer à des sorts plus complexes.

J'espère que vous avez apprécié ce guide d'initiation à la magick wiccane ou, à tout le moins, qu'il vous a permis de mieux comprendre cette religion fascinante et diversifiée. Je vous remercie de votre lecture. Nous vous laissons sur cette courte prière de gratitude envers vous, lecteur, et envers le Dieu et la Déesse qui nous ont guidés pendant que nous explorions ensemble le monde de la Wicca.

Seigneur et Dame, je vous remercie pour le soleil qui réchauffe et le vent qui chante.

Tu m'as tant donné, maintenant je te remercie pour toutes ces choses.

Qu'il en soit ainsi.

Maintenant, allez de l'avant et pratiquez la bonté.

Milton Keynes UK
Ingram Content Group UK Ltd.
UKHW021441011224
451693UK00012B/1136